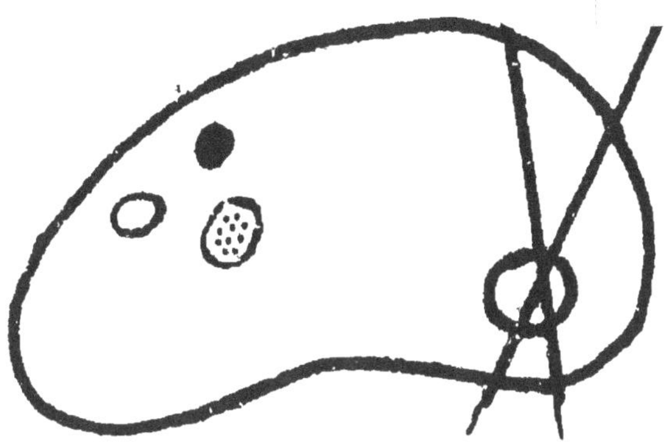

Couvertures supérieure et inférieure
en couleur

SUR LA RÉVOLUTION

ARRIVÉE EN FRANCE,

*Ouvrage traduit de l'Anglois, de très-honorable M. Edmund Burke, par le B. de B***.*

———————

A LONDRES,

Et à Paris, quai des Augustins, N°. 25.

1796.

AVERTISSEMENT.

Ce discours a été prononcé dans une discussion élevée au Parlement d'Angleterre, relativement à une demande d'augmentation dans les forces militaires de la Grande-Bretagne. Quelques membres ayant appuyé cette motion, M. Burke s'est élevé contre; il a dit : que l'armée ne devoit être augmentée que lorsque quelque puissance de l'Europe menaçoit de rompre l'équilibre politique; qu'envain il passoit l'Europe en revue, qu'il ne voyoit aucune crainte à avoir : que la Grande-Bretagne et ses alliés étoient prépondérans dans la balance politique.

La France, a-t-il ajouté, a été de tout temps le premier objet de nos considérations relativement à l'équilibre du pouvoir. Son existence ou sa nullité ont dérangé toutes les spéculations.

SUR LA RÉVOLUTION
ARRIVÉE EN FRANCE.

Nous ne pouvons considérer la France, quant à ses forces politiques, que comme étrangère au système de l'Europe. Peut-être même est-il impossible de prévoir l'époque où elle pourra se replacer au rang qu'elle occupa, au rang de première puissance ; mais à présent elle a perdu son existence politique, et très-certainement il faudra un long espace de tems pour lui rendre son ancienne prépondérance.

Gallos quoque in bello floruisse audivimus.

Tel sera vraisemblablement le langage de la génération prochaine. Je suis loin pour cela de conclure qu'il faille cesser de tenir nos regards fixés sur cette Nation : non ; mais contentons-nous de proportionner nos moyens hostiles aux symptômes de son rétablissement.

C'est sur ses forces, et non sur la forme de son gouvernement, que nous devons être attentifs. Les Républiques sont tout autant que les

Monarchies dévorées d'ambition, conduites par la jalousie et les haines causes ordinaires des guerres.

Si la France reste plongée dans son anéantissement, et que nous continuions d'accroître nos dépenses, très-certainement cette conduite nous mettra hors d'état de lutter contre elle, si elle parvient jamais à reprendre son ancienne puissance.

On dit qu'elle peut se relever aussi promptement qu'elle s'est rapidement écroulée. On s'abuse. Quand un corps tombe d'une grande hauteur, il se précipite avec une vîtesse accélérée. Le replacer à son ancienne élévation, offre des difficultés souvent insurmontables, et la politique est soumise aux loix de la gravitation aussi impérieusement que la physique.

Un gouffre s'est ouvert dans l'europe politique, la France s'y est engloutie. Elle a tout perdu, tout..... jusqu'à son nom.

« Jacet ingens littore truncus,
» Avulsumque humeris *caput* et *sine nomine* corpus ».

Que cet exemple terrible qui m'effraye et m'aterre, soit pour nous une leçon instructive de la fragilité des grandeurs humaines.

Depuis cet été, époque où cette chambre

fut prorogée, quels mouvemens ne se sont pas opérés en France? Les François se sont montrés les plus habiles architectes qu'eût encore produit le monde pour s'entourer de ruines, de décombres. Dans un si petit espace de temps, ils ont détruit, jusque dans leurs fondemens, leur monarchie, leur église, leur noblesse, leurs loix, leurs revenus, leurs armées, leur marine, leur commerce, leurs arts, leurs manufactures. Vingt batailles de Blenheim (1) ou de Ramillies leur auroient été moins funestes. Conquérants de la France, quand épuisée, sans nulle ressource, elle languiroit abattue et foulée sous nos pieds, nous rougirions, nous ses rivaux, de lui dicter des loix aussi dures, aussi désastreuses sous tous les rapports que les François viennent de s'en imposer à eux-mêmes.

Par la seule raison de sa proximité, cette nation a toujours été et doit toujours être pour nous l'objet d'une grande surveillance, soit que nous la considérions relativement à sa puissance,

---

(1) C'est le nom que les Anglois donnent à la bataille que nous appellons bataille d'Hoestet. Ils ont immortalisé la gloire du vainqueur, et leur reconnoissance par le don qu'ils firent au duc de Malboroug du superbe château de Blenheim, bâti par ordre et aux frais de la natio

ou relativement à l'influence que peut avoir son exemple. J'ai parlé de sa puissance, de ses forces, elles sont nulles à présent. Quant à son exemple, je vous rappellerai en peu de mots que nos liaisons, notre amitié avec cette nation furent autrefois plus dangereuses pour nous que ne l'auroient été les guerres les plus longues, les plus cruelles. Le même péril renaît aujourd'hui.

Louis XIV, dans le siecle dernier, porta ses forces militaires à un point de grandeur et de discipline inconnu jusqu'alors en Europe. Avec cette armée, il établit le despotisme le plus entier. En vain s'efforçoit-il à le cacher par la galanterie, par l'éclat des fêtes, par la magnificence du trône : vainement la littérature, les sciences et les arts, crouvoient de leurs charmes cette authorité absolue, le gouvernement françois n'en étoit pas moins une tyrannie dont les fers dorés étoient recouverts de fleurs. Digne soutien du despotisme tyrannique qui régnoit alors, le clergé donna à la religion le caractere d'une barbare intolérance. Bientôt se répandit dans toutes les cours de l'Europe, la même soif du despotisme, le même goût pour de grandes armées, le même amour d'une magnificence ruineuse et disproportionnée aux facutés des peuples. En particulier nos souverains Charles et Jacques, pleins d'un orgueil insensé, maladie des rois despotes, devinrent épris du gouvernement de la France. Cette parité de sentiment eût nécessité des événemens funestes aux intérêts et à la liberté de ce pays. Heureusement cette opinion pestilentielle n'attaqua invinciblement que le trône. Si l'admiration pour un gouvernement florissant, heureux dans ses entreprises, jamais gêné dans ses opérations, et par cela même, pouvant toujours agir efficacement et promptement, aveugla quelque temps presque tous les citoyens : les bons patriotes d'alors s'éleverent contre elle. Ils ne virent rien de plus pressant, rien de plus important que de rompre toute communication avec la France, que de faire naître une profonde défiance, une extrême aversion contre ses conseils, contre ses exemples, et malgré les fauteurs d'un système pernicieux, ils firent triompher la raison et la liberté.

Ces maux ne sont plus ceux qui désolent la France. Ils ont été remplacés par de nouveaux vices, mais plus désastreux. La maladie a changé, mais le voisinage des deux pay reste. La disposition naturelle des hommes est telle que les calamités actuelles de la France, peuvent devenir contagieuses pour nous, comme ses anciennes calamités le furent pour nos ayeux. Il devoit être bien plus difficile d'amener un peuple entier au desir, au goût de la servitude. Mais la frénésie actuelle d'une espece différente flatte nos goûts, caresse nos inclinations. Le despotisme traîne avec lui *fædum crimen servitutis*, l'autre au contraire présente *falsa species libertatis*, et conséquemment comme dit l'historien *primis auribus accipitur*.

Dans le siecle dernier, l'exemple de la France pensa nous enlacer dans les filets d'un cruel despotisme : mais cessons de parler d'une époque si éloignée de nous, si étrangere aux circonstances. Ce que nous avons à i douter de l'exemple de ce peuple toujours extrême, c'est d'être jetés dans l'anarchie, c'est d'être entraînés par une admiration insensée de violences, de fraudes, de crimes heureux, à établir une démocratie tyrannique, gouvernement sanglant et féroce, qui, foulant aux pieds toute raison, ne connoît d'autres maximes, d'autres loix que les confiscations, le pillage, les incendies et les proscriptions. Quant à la religion ce peuple est loin de l'intolérance reprochée au siecle dernier. C'est l'athéisme qu'il professe, aveuglé qu'il est par une faction qui, depuis long-

temps avoue, accrédite, exalte ce principe im-
moral et insensé; principe affreux, destructeur
de la dignité de l'homme à qui il ravit toute
consolation dans ses jours de douleurs.

Tels sont les dangers que nous avons à re-
douter, si nous imitons la France. Mais dans
mon opinion, le plus effrayant, le plus terrible
de tous est l'exemple qu'elle a donné au monde,
lorsque les cités se sont incorporées des troupes
séditieuses, lorsqu'elles ont donné le rang et
les droits de citoyen aux soldats déserteurs de
leurs drapeaux; action dont le motif apparent
fut de maintenir l'ordre dans le militaire, mais
dont le but réel fut d'opérer la destruction to-
tale de l'armée (1).

Combien il m'a été douloureux de voir mon
très-honorable ami (M. Fox) se permettre quelques mots qui peuvent laisser soupçonner qu'il
applaudit à cet événement, et qu'il le regarde
comme diminuant à ses yeux le danger des armées stipendiées. Je n'attribue cette opinion de
M. Fox, qu'à son zèle si bien connu pour la
plus sainte des causes, pour la liberté. Mais

---

(1) Ce paragraphe a été cause qu'on a accusé M. Burke d'avoir
calomnié M. le Comte de Mirabeau.

quelque soit son motif, il ne m'en est pas moins extrêmement pénible d'être obligé d'avoir un avis différent de mon ami, dont l'autorité est pour moi d'un si grand poids.

Quæ maxima semper

Censetur nobis, et erit quæ maxima semper (1).

Cette chambre doit voir par mon empressement, à relever une ou deux expressions de mon plus intime ami, quelle importance j'attache à soustraire ma patrie aux innovations calamiteuses qui déchirent la France. Il existe dans notre isle des hommes pervers, qui voudroient voir leur pays en proie aux dissentions qui regnent en France, et que l'on y décore du nom de réforme. Loin de nous une démocratie semblable à celle qu'ils établissent! j'y suis tellement opposé, que si mes meilleurs amis pouvoient concourir à de si détestables projets (ce que je suis bien éloigné de penser) on me verroit les abandonner, on me verroit me joindre à mes plus cruels ennemis, m'opposer à tous leurs moyens, et résister par les efforts

---

(1) Le compliment de M. Burke à M. Fox remplit une page entiere : J'ai cru devoir l'élaguer.

les plus violents à l'introduction de cet esprit d'innovation si éloigné des principes d'une vraie et sage réforme qu'ils suffit pour renverser les états, sans qu'il puisse dans aucun cas servir à leur félicité.

Il s'en faut bien que je sois l'ennemi des réformations? Presque toutes affaires où j'ai été employé, depuis le jour où je siégai pour la première fois dans cette chambre, n'ont eu pour objet que des réformes; et quand je n'en ai point été occupé, je l'étois à résister aux abus. Les régistres de cette chambre peuvent attester la vérité de mon assertion, et rendre plus d'une fois un témoignage glorieux de mon courage. Mais je n'en persiste que plus à déclarer que tout ce qui brise inutilement l'ensemble, la contexture de l'état, non-seulement empêche toute réforme véritable, mais introduit dans son sein les maux les plus terribles, maux qui appelleront bientôt, mais vainement peut-être, de nouvelles réformes.

De quelle folie s'est rendue coupable la nation françoise? Ce qu'elle avoit tant désiré, tant estimé, lui est devenu une affreuse calamité. Elle s'est enorgueillie (et quelques Anglois sont jaloux de cette gloire insensée et criminelle) d'opérer une révolution! comme si des révolutions étoient des choses bonnes en elles-mêmes. Elle ignoroit donc que tous les crimes, toutes les horreurs de l'anarchie nécessités à commettre pour commencer les révolutions, pour accélérer ses progrès pour les opérer et les établir, sont comptés pour rien par les amateurs de révolution. C'est à travers les ruines et par la destruction de leur patrie, que les François sont parvenus à se créer une détestable constitution, tandis qu'ils en avoient une très-bonne. Ils en jouissoient encore le jour où leurs états s'assemblèrent en ordres séparés. Leur occupation, s'ils eussent été vertueux et sages, où qu'ils se fussent abandonnés à leur propre sentiment, devoit être d'assurer la stabilité et l'indépendance des états ; mais, en conservant les ordres sous un Monarque inviolablement assis sur le trône. Alors leur devoir étoit de réformer les abus.

Au lieu de redresser les griefs, d'améliorer l'édifice de l'état, ce pourquoi ils avoient été appellés par leur roi, et envoyés par leurs concitoyens : on les a jettés dans une route diamétralement opposée. Ils ont commencé par anéantir toutes les balances, tous les contre-poids qui retenoient le Gouvernement dans une assiette stable et fixe, et qui seuls pouvoient

arrêter les maux que causent les esprits violents,
quand ils acquierent trop d'influence dans quelques
uns des ordres. Cette balance existoit dans leur
antique constitution, ainsi qu'elle existe dans
notre pays, ainsi qu'elle existe dans toutes les
contrées de l'Europe : mais ils l'ont témérairement détruite, ils ont tout bouleversé, et leur
ouvrage n'est qu'une masse informe et sans ensemble.

A peine ces choses ont été terminées, qu'ils
se sont hâtés, et cela au mépris de toute bonne
foi sociale, et avec la plus atroce perfidie de
porter la hache jusque dans les racines de toute
propriété, et de détruire tout esprit de prospérité nationale, en confisquant l'universalité
des biens du clergé. Ils ont fait et décrété un
espece d'institut ou de code d'anarchie, appellé
les droits de l'homme, code qui par son pédantisme, par l'ignorance ou l'abus des principes
élémentaires couvriroit de honte des enfans à
l'école. Mais cette déclaration des droits de
l'homme étoit bien plus dangereuse encore que
ridicule et pédantesque. C'est en son nom, et
d'après leur système qu'ils ont anéanti cette authorité, ce pouvoir que l'opinion religieuse ou
civile à sur l'esprit des hommes. Par cette in-

fernale (1) déclaration, ils ont bouleversé l'état, et l'ont plongé dans de telles calamités qu'aucun pays, à moins d'une guerre longue et désastreuse, n'en a jamais connu ni souffert de semblables, calamités qui doivent à la fin engendrer la guerre civile, et peut-être même en occasionner un grand nombre.

Il n'a jamais été question parmi eux de choisir entre le despotisme et la liberté. Le sacrifice qu'ils ont fait de la paix et de la puissance de leur pays, n'a point été offert sur l'autel de la liberté. Ce ne fut point pour obtenir la constitution britannique qu'ils se précipitèrent au milieu des désastres, ce fut pour empêcher leur patrie d'adopter ou cette constitution ou tout autre qui en approcheroit.

S'ils réussissent dans leurs projets, ainsi que cela se peut, s'ils parviennent à établir une démocratie unique ou une multitude de démocraties, ils auront établi un très-mauvais gouvernement, ils auront établi la plus dangereuse espece de tyrannie.

La plus détestable de leurs opérations est celle relative à leur militaire. Ils ont fait une armée

----

(1) M. Burke s'est servi du mot *mad*, qui signifie *folle* et *enragée*.

propre à tout, excepté pour la défense. Si on ne considère que comme une proposition abstraite, la question de savoir si les soldats peuvent oublier quelquefois qu'ils sont citoyens, je n'éleverai aucune discussion sur cet objet : mais que de difficultés se présentent, s'ils faut appliquer le principe à la pratique, et sur-tout fixer la manier de réunir les deux caractères si distincts de citoyen et de soldat. Si nous portons nos regards sur les événemens arrivés en France, événemens qui ont si bien développé le danger du principe que j'attaque, je ne pense pas que mon amai puisse appercevoir, soit dans les faits, soit dans l'exemple qu'ils offrent, le plus léger motif d'approbation, le plus léger sujet d'en étayer son opinion.

Les soldats n'ont point été citoyens ; ils n'ont été que de vils séditieux, salariés pour déserter, que des brigans ayant abjuré tout principe d'honneur. Leur conduite a été un de ces fruits de l'esprit d'anarchie qui entraîne tant de maux après lui, qu'il fait recevoir la démocratie comme un bienfait, par ceux-même qui avoient le plus de repugnance contre cette forme de gouvernement. Jamais ils n'ont offert le spectacle honorable d'un armée en corps conservant sa discipline, réunie sous de respectables citoyens patriotes pour résister à la tirannie. Rien de semblable à cela, ce n'a été que des soldats vulgaires desertant leurs drapeaux pour se joindre à une populace effrénée et furieuse. C'a été une désertion pour une cause dont le but étoit d'anéantir toutes les institutions, de briser tous les liens naturels, moraux et civils qui conduisent et unissent ensemble la société par une chaîne de subordination, de soulever les soldats contre leurs officiers, les domestiques contre leurs maîtres, les marchands contre les manufacturiers, les ouvriers contre ceux qui les employent, les fermiers contre les propriétaires, les prêtres contre leurs évêques, les parents contre les parents, les enfants contre leurs peres, pour une cause enfin qui n'est point ennemie de l'esclavage, mais ennemie implacable de toute société.

Plaçons un instant au milieu de nous les calamités qui désolent la France. Qui verroit sans frémir la liste effrayante des périls qui l'entoureroient ? Nos maisons détruites ou pillées, nos personnes exposées aux insultes, aux outrages et au meurtre, nos titres et nos actes de propriété brûlés sous nos yeux, nous même enfin forcés avec nos familles, d'aller mandier un azile dans les diverses contrées de l'Europe, et cela sans aucune autre raison que d'être nés ou gentilhommes, ou riches et d'être accusés de l'envie de conserver notre considération et nos propriétés.

La désertion en France, n'a donc servi qu'à appuyer une sédition abominable, dont les principes hautement avoués étoient une haine implacable, contre la noblesse et le clergé, sédition féroce, dont le cri de guerre étoit *à l'aristocrate*, Avec ce mot, vuide de sens, mais devenu un signal de mort on anima le peuple à la rapine, aux incendies et aux meutres. Alors des ambitieux, forts de la terreur qu'occasionnoit la licence effrénée et sanguinaire d'une populace excitée, détruisirent tout ce qui se trouvoit de respectable et vertueux dans leur patrie, et ils s'efforcèrent autant qu'il étoit en leur pouvoir, d'avilir, de déshonorer ces noms illustres, honneur et gloire de la France, et qui, seuls, peut-être un jour rappelleront au monde son ancienne existence.

Je sais aussi bien que personne combien il est difficile de concilier l'existence d'une armée stipendiée, je ne dis pas avec une constitution libre, mais avec quelque constitution que ce soit. Une armée, quelque bien disciplinée quelle soit, est, par son essence, dangéreuse à la liberté ; si elle a brisé le frein de la discipline, elle est la ruine de la société. Ceux qui la composent ne sont dans ce dernier cas ni bons citoyens, ni bons soldats. Qu'a-t-on fait en France, relativement à cette difficulté, l'écueil peut-être de la politique humaine. Ils ont créé pour leur armée une variété de principes et de devoirs qui feront de leurs militaires non des soldats, mais des insubordonnés, et des mutins pour balancer l'influence de l'armée de la couronne, ils en ont créé une autre qui ne reconnoit point l'autorité d'un roi, et ils l'ont appellée armée municipale. Ils ont une balance d'armée et non plus de balance d'ordres. Ils les ont détruits avec mépris et cruauté. Cependant les états ne peuvent exister avec félicité et gloire que lorsqu'ils ont des balances de pouvoir : les armées ne sauroient subsister lorsque le comandement est divisé. Enfin les choses sont telles en France que cette nation est dans un état de guerre civile, et ce qu'on peut dire de moins allarment sur sa situation, c'est qu'une trêve momentanée y remplace la paix.

Quelle terrible chose qu'une armée indépendante, dont nul humme n'est responsable ni en

totalité

totalité, ni dans la moindre de ses parties. Dans l'état actuel de l'armée royale de France, y a-t-il un général qui osât répondre de l'obéissance d'une seule brigade ? Un colonel de celle de son régiment ? Quant à l'armée municipale grossie par des directeurs, citoyens d'une nouvelle espèce, aux ordres de qui est elle ? Ne l'a-t-on pas vu (1) traîner forcément avec elle le général qu'ils s'étoient nommé lorsqu'ils accompagnoient les auteurs sacriléges de la plus criminelle trahison, des meurtres les plus atroces, les plus execrables (2). J'ose ici le demander : de tels hommes sont ils soldats ? sont ils citoyens ?

Combien notre conduite a été plus sage dans une occurrence pareille ! Loin de diviser notre armée, nous l'avons assujetie à une autorité unique, et elle ne connoît d'autre serment de fidélité que celui commun à tous les citoyens. Nous ne nous sommes réservés sur elle d'autre pouvoir que celui d'une inspection annuelle. Avec ces

---

(1) L'Anglois dit traîner la corde au col.

(2) On a encore accusé, pour ce paragraphe, M. Burke de n'avoir pas parlé avec exactitude de la conduite de M. le Marquis de la Fayette.

B

précautions nous avons fait, j'ose le dire, tout ce qui dépend de la prudence humaine pour assurer notre liberté.

Comparons cette chose étrange, que les François appellent une révolution, avec le glorieux événement auquel nous donnons ici le même nom, la conduite qu'eût alors notre armée avec celle qu'a tenue une partie des troupes de France. A la période que je rappelle, le Prince d'Orange, Prince du sang de l'Angleterre, fut appellé par les chefs de l'aristocratie pour défendre notre ancienne constitution, mais non pour anéantir toutes les distinctions. A ce prince se joignirent les principaux personnages du royaume, soit avec les troupes qu'ils commandoient, soit avec les régimens de citoyens qu'ils avoient levés eux-mêmes pour la défense de la liberté de leur patrie. L'obéissance militaire changea d'objet, mais jamais la discipline ne fût interrompue. L'armée étoit toujours prête à combattre, mais pas un soldat n'étoit disposé à la mutinerie.

Nous trouverons la même différence entre la conduite des deux nations, que dans celle des deux armées. A la vérité les causes qui ont occasionné les deux révolutions sont diamétralement opposées. En Angleterre, un monarque revêtu d'une autorité légale cherchoit à se rendre despote : en France , un despote cherchoit n'importe quel fût son motif, à faire donner la légalité à son pouvoir. Nous avons dû résister à l'un : on devoit ménager l'autre, le diriger dans la cession volontaire de sa puissance. Mais dans aucune des deux circonstances, on ne devoit changer la constitution de l'état dans la crainte de l'anéantir, lorsqu'il n'étoit besoin que de réformer les vices, que de légaliser les pouvoirs. Nos ayeux agirent ainsi : ils renvoyèrent le monarque seul et conservèrent leur constitution. Les François au contraire ont brisé, anéanti les parties constituantes de l'état et n'ont conservé que l'homme. Loin d'avoir fait une révolution, nous pouvons assurer aujourd'hui, avec vérité et honneur, que nos ayeux en empêchèrent légalement une de s'opérer. Ils fixèrent les droits du trône et des peuples, ils éclaircirent des questions douteuses, ils corrigèrent les abus de nos loix. Ils ne firent aucun changement dans les parties fondementales et inébranlables de notre constitution, non aucun, pas même une légere altération. Le pouvoir monarchique ne fut point affoibli, il seroit même facile de démontrer qu'il fût très - considérablement augmenté. La nation conserva les mêmes distinctions, les mêmes ordres, les mêmes priviléges, les mêmes franchises, les mêmes regles pour les propriétés, la même subordination, le même ordre dans les loix, dans la perception des impôts, dans la magistrature les mêmes Lords, les mêmes communes, les mêmes corporations, les mêmes Electeurs.

L'église ne fut point avilie ne dépouillée. Ses propriétés, sa majesté, sa splendeur, ses ordres, sa hiérarchie continuèrent de la même manière. Sa puissance, ses droits lui furent conservés en entier. On élagua seulement un espèce d'intolérance qui faisoit sa foiblesse et sa honte. L'église, et l'état furent les mêmes, après la révolution qu'ils étoient auparavant : ils étoient seulement plus stables, plus puissants.

On fit donc peu de choses, puisqu'il n'y eut point de changement dans la constitution? Non : tout ce qui devoit être fait, fut achevé par cela même qu'on ne fit que des réparations, et que l'on ne s'écrasa point sous les ruines, par là encore l'état devint florissant. Au lieu d'offrir le spectacle afreux d'un corps politique expirant dans les convulsions des guerres civiles, en proie à la pitié ou au mépris de l'univers, incapable d'aucun effort utile pour sortir de son état abject, la Grande-Bretagne se releva plus fiere et plus puissante que jamais. De cette glorieuse époque date notre prospérité ; elle s'est toujours accrue depuis, et les doigts destructeurs du temps ne feront qu'ajouter à sa grandeur. De ce jour la plus grande énergie anime toute la nation. Jamais l'Angleterre n'avoit présenté à ses rivaux ou à ses ennemis une plus inébranlable contenance, une force plus imposante. L'Europe sous sa protection respira et fut ranimée. Par-tout elle se montra le protecteur, le défenseur, le vengeur de la liberté. Le traité de Riswick, conclu après une guerre malheureuse, mais soutenue avec courage, commença par mettre un frein à la puissance Françoise. La grande alliance conclue immédiatement après, sapa jusque dans ses fondements, ce pouvoir formidable qui sembloit menacer d'envahir l'univers. Les états de l'europe trouverent leur félicité sous l'abri d'une grande monarchie libre, qui montra que la véritable grandeur des empires réside dans la paix intérieure, et dans le maintien de celle de ses voisins.